Immanuel Kant

**Versuch den Begriff der negativen Größen in die Weltweisheit einzuführen**

Immanuel Kant

**Versuch den Begriff der negativen Größen in die Weltweisheit einzuführen**

ISBN/EAN: 9783743430846

Hergestellt in Europa, USA, Kanada, Australien, Japan

Cover: Foto ©ninafisch / pixelio.de

Manufactured and distributed by brebook publishing software (www.brebook.com)

Immanuel Kant

**Versuch den Begriff der negativen Größen in die Weltweisheit einzuführen**

# Versuch
den Begriff
# der negativen Größen
in die Weltweisheit einzuführen

von

M. Immanuel Kant.

---

Königsberg,
bey Johann Jacob Kanter 1763.

# Vorrede.

Der Gebrauch, den man in der Weltweisheit von der Mathematik machen kann, bestehet entweder in der Nachahmung ihrer Methode, oder in der wirklichen Anwendung ihrer Sätze auf die Gegenstände der Philosophie. Man siehet nicht, daß der erstere bisdaher von einigem Nutzen gewesen sey, so großen Vortheil man sich auch anfänglich davon versprach; und es sind auch allmählich die vielbedeutende Ehrennamen weggefallen, mit denen man die philosophische Sätze aus Eifersucht gegen die Geometrie ausschmückte, weil man bescheidentlich einsahe: daß es nicht wohl stehe in mittelmäßigen Umständen trotzig zu thun und das beschwerliche

\*\*

non

## Vorrede.

non liquet allem diesem Gepränge keineswegs weichen wolte.

Der zweite Gebrauch ist dagegen vor die Theile der Weltweisheit, die er betroffen hat, desto vortheilhafter geworden, welche dadurch, daß sie die Lehren der Mathematik in ihren Nutzen verwandten, sich zu einer Höhe geschwungen haben; darauf sie sonsten keinen Anspruch hätten machen können. Es sind dieses aber auch nur die zur Naturlehre gehörige Einsichten, man müste denn etwa die Logik der Erwartungen in Glücksfällen auch zur Weltweisheit zählen wollen. Was die Metaphysik anlangt, so hat diese Wissenschaft, anstatt sich einige von den Begriffen oder Lehren der Mathematik zu Nuße zu machen, vielmehr sich öfters wieder sie bewafnet, und, wo sie vielleicht sichere Grundlagen hätte entlehnen können, um ihre Betrachtungen darauf zu gründen, siehet man sie bemüht, aus den Begriffen des Mathematikers nichts als feine Erdichtungen zu machen, die außer seinem Felde wenig wahres an sich haben. Man kann leicht errathen, auf welcher Seite der Vortheil seyn werde, in dem Streite zweier Wissenschaften, deren die

eine

## Vorrede.

eine alle insgesamt an Gewißheit und Deutlichkeit übertrift, die andern aber sich allererst bestrebt dazu zu gelangen.

Die Metaphysik sucht zum z. E. die Natur des Raumes und den obersten Grund zu finden daraus sich dessen Möglichkeit verstehen läßt. Nun kann wohl hiezu nichts behülflicher seyn, als wenn man zuverläßig erwiesene Data irgend woher entlehnen kann, um sie in seiner Betrachtung zum Grunde zu legen. Die Geometrie liefert deren einige, welche die allgemeinsten Eigenschaften des Raumes betreffen, z. E. daß der Raum gar nicht aus einfachen Theilen bestehe; allein man gehet sie vorbey und setzet sein Zutrauen lediglich auf das zweideutige Bewustseyn dieses Begrifs, indem man ihn auf eine ganz abstrackte Art denket. Wenn denn die Spekulation nach diesem Verfahren mit den Sätzen der Mathematik nicht übereinstimmen will, so sucht man seinen erkünstelten Begrif durch den Vorwurf zu retten, den man dieser Wissenschaft macht, als wenn die Begriffe, die sie zum Grunde leget, nicht von der wahren Natur des Raumes abgezogen, sondern willkührlich ersonnen worden. Die mathe-

### Vorrede.

mathematische Betrachtung der Bewegung, verbunden mit der Erkentniß des Raumes, geben gleicher. Gestalt viel Data an die Hand, um die metaphysische Betrachtung von der Zeit in dem Gleise der Warheit zu erhalten. Der berühmte Herr *Euler* hat hiezu unter andern einige Veranlassung gegeben, * allein es scheint bequemer, sich in finstern und schwer zu prüfenden Abstraktionen aufzuhalten, als mit einer Wissenschaft in Verbindung zu treten, welche nur an verständlichen und augenscheinlichen Einsichten Theil nimmt.

Der Begriff des unendlich Kleinen, darauf die Mathematik so öftern hinaus kommt, wird mit einer angemaßten Dreistigkeit so gerade zu als erdichtet verworfen, anstatt daß man eher vermuthen solte, daß man noch nicht genug davon verstände um ein Urtheil darüber zu fällen. Die Natur selbst scheint gleichwohl nicht undeutliche Beweisthümer an die Hand zu geben, daß dieser Begriff sehr wahr sey. Denn wenn es Kräfte giebt, welche eine Zeit hindurch continuirlich wirken, um Bewegungen hervor-

---
* Histoire de l'Acad. Royale des sc. et belles lettr. l'ann. 1748.

## Vorrede.

hervorzubringen, wie allem Ansehen nach die Schweere ist, so muß die Kraft, die sie im Anfangsaugenblicke oder in Ruhe ausübt, gegen die, welche sie in einer Zeit mittheilt, unendlich klein seyn. Es ist schwer, ich gestehe es, in die Natur dieser Begriffe hineinzudringen; aber diese Schwierigkeit kann allenfalls nur die Behutsamkeit unsicherer Vermuthungen, aber nicht entscheidende Aussprüche der Unmöglichkeit rechtfertigen.

Ich habe vorjetzo die Absicht, einen Begriff, der in der Mathematik bekannt genug, allein der Weltweisheit nach sehr fremde ist, in Beziehung auf diese zu betrachten. Es sind diese Betrachtungen nur kleine Anfänge, wie es zu geschehen pflegt wenn man neue Aussichten eröfnen will, allein sie können vielleicht zu wichtigen Folgen Anlas geben. Aus der Verabsäumung des Begriffs der negativen Größen sind eine Menge von Fehlern oder auch Misdeutungen der Meynungen anderer in der Weltweisheit entsprungen. Wenn es z. E. dem berühmten Herren D. **Crusius** beliebt hätte, sich den Sinn der Mathematiker bey diesem Begriffe bekannt zu machen; so würde

er

## Vorrede.

er die Vergleichung des Newton nicht bis zur Bewunderung falsch gefunden haben * da die anziehende Kraft, welche in vermehrter Weite, doch nahe bey den Körpern nach und nach in eine zurückstoßende ausartet, mit den Reihen vergleicht, in denen da wo die positive Größen aufhören die negative anfangen. Denn es sind die negative Größen nicht Negationen von Größen, wie die Aehnlichkeit des Ausdrucks ihn hat vermuthen lassen, sondern etwas an sich selbst warhaftig Positives, nur was dem andern entgegengesetzt ist. Und so ist die negative Anziehung nicht die Ruhe wie er davor hält, sondern die wahre Zurückstoßung.

Doch ich schreite zur Abhandlung selbst, um zu zeigen, welche Anwendung dieser Begrif überhaupt in der Weltweisheit haben könne.

* Crusius Naturl. 1 Th. §. 295.

Der Begriff der negativen Größen ist in der Mathematick lange im Gebrauch gewesen und daselbst auch von der äußersten Erheblichkeit. Indessen ist die Vorstellung die sich die mehreste davon machten und die Erläuterung die sie gaben wunderlich und widerbersprechend; obgleich daraus auf die Anwendung keine Unrichtigkeit abfloß, denn die besondere Reglen vertraten die Stelle der Definition und versicherten den Gebrauch; was aber in dem Urtheil über die Natur dieses abstrackten Begriffs geirret seyn mochte, blieb müßig und hatte keine Folgen. Niemand hat vielleicht deutlicher und bestimmter gewiesen, was man sich unter den negativen Größen vorzustellen habe, als der berühmte Herr Professor Kästner,* unter dessen Händen alles genau, faßlich

* Anfangsgr. d. Arithm. S. 59 – 68.

lich und angenehm wird. Der Tadel, den er bey dieser Gelegenheit auf die Eintheilungsſucht eines grundabſtrackten Philoſophen wirft, iſt viel allgemeiner als er daſelbſt ausgedrückt wird und kann als eine Auffoderung angeſehen werden, die Kräfte der angemaßten Scharfſinnigkeit mancher Denker an einem wahren und brauchbaren Begriffe zu prüfen, um ſeine Beſchaffenheit philoſophiſch feſtzuſetzen, deſſen Richtigkeit durch die Mathematick ſchon geſichert iſt, welches ein Fall iſt, dem die falſche Methaphyſik gerne ausweicht; weil hier gelehrter Unſinn nicht ſo leicht wie ſonſten das Blendwerk von Gründlichkeit zu machen vermag. Indem ich es unternehme der Weltweisheit den Gewinn von einem annoch ungebrauchten, obzwar höchſtnöthigen, Begriffe zu verſchaffen, ſo wünſche ich auch keine andere Richter zu haben, als von der Art wie derjenige Mann von allgemeiner Einſicht iſt deſſen Schriften mir hiezu die Veranlaſſung geben. Denn was die metaphyſiſche Intelligenzen von vollendeter Einſicht anlangt, ſo müſte man ſehr unerfahren ſeyn, wenn man ſich einbildete, daß zu ihrer Weisheit noch etwas könte hinzugethan, oder von ihrem Wahne etwas könte hinweg genommen werden. Erſter

# Erster Abschnitt
Erläuterung des Begriffes von den negativen Größen überhaupt.

Einander entgegengesetzt ist: wovon eines dasjenige aufhebt was durch das andre gesetzt ist. Diese Entgegensetzung ist zwiefach; entweder logisch durch den Widerspruch, oder real d. i. ohne Widerspruch.

Die erste Opposition nemlich die logische ist diejenige, worauf man bis daher einzig und allein sein Augenmerck gerichtet hat. Sie bestehet darin: daß von eben demselben Dinge etwas zugleich bejahet und verneinet wird. Die Folge dieser logischen Verknüpffung ist gar nichts (nihil negatiuum irrepraesentabile) wie der Satz des Widerspruchs es aussagt. Ein Körper in Bewegung ist Etwas, ein Körper der nicht in Bewegung ist, ist auch Etwas (cogitabile); allein ein Körper, der in Bewegung und in eben demselben Verstande zugleich nicht in Bewegung wäre, ist gar nichts.

Die zweyte Opposition, nemlich die reale, ist diejenige: da zwey Prädikate eines Dinges entge-

entgegengeſetzt ſeyn, aber nicht durch den Satz des Widerſpruchs. Es hebt hier auch eins dasjenige auf was durch das andere geſetzt iſt; allein die Folge iſt Etwas (cogitabile). Bewegkraft eines Körpers nach einer Gegend und eine gleiche Beſtrebung eben deſſelben in entgegengeſetzter Richtung widerſprechen einander nicht, und ſind als Prädikate in einem Körper zugleich möglich. Die Folge davon iſt die Ruhe, welche Etwas (repraeſentabile) iſt. Es iſt dieſes gleichwohl eine wahre Entgegenſetzung. Denn was durch die eine Tendenz, wenn ſie allein wäre, geſetzt wird, wird durch die andere aufgehoben, und beyde Tendenzen ſind warhafte Prädikate eines und eben deſſelben Dinges die ihm zugleich zukommen. Die Folge davon iſt auch Nichts, aber in einem andern Verſtande wie beym Widerſpruch, (nihil priuatiuum, repraeſentabile.) Wir wollen dieſes Nichts künftighin Zero $= 0$ nennen, und es iſt deſſen Bedeutung mit der, von einer Verneinung (negatio) Mangel, Abweſenheit, die ſonſten bey Weltweiſen im Gebrauch ſind, einerley, nur mit einer näheren Beſtimmung die weiter unten vorkommen wird.

Bey

Bey der logischen Repugnanz wird nur auf diejenige Beziehung gesehen, dadurch die Prädikate eines Dinges einander und ihre Folgen durch den Widerspruch aufheben. Welches von beyden wahrhaftig bejahend, (realitas) und welches warhaftig verneinend (negatio) sey, darauf hat man hiebey gar nicht acht. Z. E. Finster und nicht finster in einerley Verstande zugleich seyn ist in eben demselben Subjekte ein Widerspruch. Das erstere Prädikat ist logisch bejahend, das andere logisch verneinend, obgleich jenes im metaphysischen Verstande eine Negation ist. Die Realrepugnanz beruht auch auf einer Beziehung zweyer Prädikate eben desselben Dinges gegen einander; aber diese ist von ganz anderer Art. Durch eines derselben ist dasjenige nicht verneinet, was durch das andre bejaht ist, denn dieses ist unmöglich, sondern beyde Prädikate A und B sind bejahend nur da von jeden besonders die Folgen a und b seyn würden, so ist durch beyde zusammen in einem Subjekt nicht eins, auch nicht das andre, also ist die Folge Zero. Setzet, jemand habe die Activschuld A 100. Rthlr. gegen einen andern, so ist dieses ein Grund einer eben so großen Einnahme.

Es habe aber eben derselbe auch eine Paßivschuld B = 100 Rthlr. so ist dieses ein Grund so viel wegzugeben. Beyde Schulden zusammen sind ein Grund vom Zero, d. i. weder Geld zu geben noch zu bekommen. Man siehet leicht ein: daß dieses Zero ein verhältnismäßiges Nichts sey, indem nemlich nur eine gewisse Folge nicht ist, wie in diesem Falle ein gewisses Capital und in dem oben angeführten eine gewisse Bewegung nicht ist; dagegen ist bey der Aufhebung durch den Widerspruch schlechthin Nichts. Demnach kan das nihil negatiuum nicht durch Zero = 0 ausgedrückt werden, denn dieses enthält keinen Widerspruch. Es läßt sich denken daß eine gewisse Bewegung nicht sey, daß sie aber zugleich sey und nicht sey läßt sich gar nicht denken.

Die Mathematiker bedienen sich nun der Begriffe dieser realen Entgegensetzung bey ihren Größen, und um solche anzuzeigen bezeichnen sie dieselbe mit + und —. Da eine jede solche Entgegensetzung gegenseitig ist, so siehet man leicht daß eine die andere entweder ganz oder zum Theil aufhebe, ohne daß deßfals diejenigen vor denen + stehet von denen vor die — stehet unterschieden seyn.

Ein

Ein Schiff reise von Portugal aus nach Brasilien. Man bezeichne alle die Strecken, die es mit dem Morgenwinde thut, mit + und die, so es durch den Abendwind zurücklegt, mit —. Die Zahlen selbst sollen Meilen bedeuten. So ist die Fahrt in sieben Tagen + 12 + 7 — 3 — 5 + 8 = 19 Meilen, die es nach Westen gekommen ist. Diejenige Größen vor denen — steht haben dieses nur als ein Zeichen der Entgegensetzung, in so ferne sie mit denen die + vor sich haben, zusammen genommen werden sollen; stehen sie aber mit denen vor welchen auch — ist in Verbindung, so findet hier keine Entgegensetzung mehr statt, weil diese ein Gegenverhältnis ist welches nur zwischen + und — angetroffen wird. Und da die Subtraktion ein Aufheben ist, welches geschieht, wenn entgegengesetzte Größen zusammen genommen werden, so ist klar: daß das — eigentlich nicht ein Zeichen der Subtraktion seyn könne, wie es gemeiniglich vorgestellet wird, sondern daß + und — zusammen nur allererst eine Abziehung bezeichnen. Daher — 4 — 5 = — 9 gar keine Subtraktion war, sondern eine wirkliche Vermehrung und Zusammenthuung von Größen einerley Art. Aber

$+9-5=4$ bedeutet eine Abziehung, indem die Zeichen der Entgegensetzung andeuten, daß die eine in der andern so viel ihr gleich ist aufhebe. Eben so bedeutet das Zeichen $+$ vor sich allein eigentlich keine Addition, sondern nur in so ferne die Größe, davor es steht, mit einer andern, davor auch $+$ steht, oder gedacht wird, soll verbunden werden. Soll sie aber mit einer davor $—$ steht zusammen genommen werden, so kann dieses nicht anders als vermittelst der Engegensetzung geschehen, und da bedeutet das Zeichen $+$ so wohl als das $—$ eine Subtraktion, nemlich daß eine Größe in der andern so viel ihr gleich ist, aufhebe, wie $-9+4=-5$. Um deswillen bedeutet das Zeichen $—$, in dem Falle $-9-4=-13$, keine Subtraktion, sondern eben sowohl eine Addition, wie das Zeichen $+$ im Exempel $+9+4=+13$. Denn überhaupt, so ferne die Zeichen einerley seyn, so müssen die bezeichnete Sachen schlechthin summirt werden, in so ferne sie aber verschieden seyn, können sie nur durch eine Entgegensetzung d. i. vermittelst der Subtraktion zusammen genommen werden. Demnach dienen diese zwey Zeichen in der Größenwissenschaft nur, um

die-

diejenige zu unterscheiden die einander entgegengesetzt sind, das ist, die einander in der Zusammennehmung ganz oder zum Theil aufheben; damit man erstlich dieses Gegenverhältnis daraus erkenne, und zweytens, nachdem man eine von der andern abgezogen hat, von der sie sich hat abziehen lassen, man wissen könne, zu welcher beyderley Größen das Facit gehöre. So würde man in dem vorher erwehnten Falle einerley herausbekommen, wenn der Gang mit dem Ostwinde durch —, und die Fahrt mit dem Westwinde durch + wäre bezeichnet worden, nur daß das Facit alsdenn — zum Zeichen gehabt hätte.

Hieraus entspringet der mathematische Begriff der negativen Größen. Eine Größe ist in Ansehung einer andern negativ, in so ferne sie mit ihr nicht anders als durch die Entgegensetzung kann zusammen genommen werden, nemlich so, daß eine in der andern so viel ihr gleich ist aufhebt. Dieses ist nun freylich wohl ein Gegenverhältnis, und Größen, die einander so entgegen gesetzt seyn, heben gegenseitig von einander ein gleiches auf, so daß man also eigentlich keine Größe schlechthin negativ nennen kann, sondern sagen muß daß + a und —a eines die negative Größe der andern sey; Allein, da dieses immer im Sinne kann hinzugedacht werden, so haben die Mathematiker einmal den Gebrauch angenommen die Größen vor die das — steht negative Größen zu nennen, wobey man gleichwol nicht aus der Acht lassen muß, daß diese Benennung nicht eine besondere Art Dinge ihrer inneren Beschaffenheit nach, sondern dieses Gegenverhältnis anzeige, mit gewissen andern Dingen die durch + bezeichnet werden in einer Entgegensetzung zusammen genommen zu werden.

Damit wir aus diesem Begriffe dasjenige, was eigentlich der Gegenstand vor die Philosophie ist, herausnehmen, ohne besonders auf die Größe zu sehen, so bemerken wir zuerst daß in ihm die Entgegensetzung enthalten sey, welche wir oben die reale genannt haben. Es seyn +8 Capitalien —8 Paßivschulden, so widerspricht es sich nicht, daß beyde einer Person zukommen. Indessen hebt die eine ein gleiches auf das durch die andre gesetzt war, und die Folge ist Zero. Ich werde demnach die Schulden negative Capitalien nennen. Hierunter aber werde ich nicht verstehen daß sie Negationen oder bloße Verneinungen von Capitalien wären;

wären; denn alsdenn hätten sie selber zum Zeichen das Zero, und dieses Capital und Schulden zusammen würden den Werth des Besitzes geben $8 + 0 = 8$, welches falsch ist, sondern daß die Schulden positive Gründe der Verminderung der Capitalien seyn. Da nun diese ganze Benennung jederzeit nur das Verhältnis gewisser Dinge gegen einander anzeigt, ohne welches dieser Begriff sogleich aufhört, so würde es ungereimt seyn darum eine besondere Art von Dingen sich zu gedenken, und sie negative Dinge zu nennen, denn selbst der Ausdruck der Mathematiker der negativen Größen ist nicht genau genug. Denn negative Dinge würden überhaupt Verneinungen (negationes) bedeuten, welches aber gar nicht der Begriff ist den wir festsetzen wollen. Es ist vielmehr genug, daß wir die Gegenverhältnisse schon erklärt haben, die diesen ganzen Begriff ausmachen und die in der Realopposition bestehen. Um indessen sogleich in den Ausdrücken zu erkennen zu geben, daß das eine der entgegengesetzten nicht das contradiktorische Gegentheil des andern, und, wenn dieses etwas positives ist, daß jenes nicht eine bloße Verneinung desselben sey, sondern, wie wir bald sehen werden, als etwas

etwas bejahendes ihm entgegengesetzt sey: so werden wir nach der Methode der Mathematiker, das Untergehen ein negatives Aufgehen, Fallen ein negatives Steigen, Zurückgehen ein negatives Fortkommen nennen, damit zugleich aus dem Ausdrucke erhelle, daß, z. E. Fallen nicht blos vom Steigen so unterschieden sey wie non a und a, sondern eben so positiv sey als das Steigen, nur mit ihm in Verbindung allererst den Grund von einer Verneinung enthalte. Es ist nun freylich klar: daß ich, da es alles hier auf das Gegenverhältnis ankommt, eben so wohl das Untergehen ein negatives Aufgehen, wie das Aufgehen ein negatives Untergehen nennen kann, imgleichen sind Capitalien eben so wohl negative Schulden, wie diese negative Capitalien seyn. Allein es ist etwas wohlgereimter, demjenigen, worauf in jeden Falle die Absicht vorzüglich gerichtet ist, den Namen des negativen beyzufügen, wenn man sein reales Getheil bezeichnen will. Z. E. So ist es etwas schicklicher, Schulden negative Capitalien, als sie umgekehrt zu nennen, ob zwar in dem Gegenverhältnis selbst kein Unterschied liegt, sondern in der Beziehung die das Resultat dieses Gegenverhältnisses

auf

auf die übrige Absicht hat. Ich erinnere nur noch, daß ich bisweilen mich des Ausdrucks bedienen werde daß ein Ding die **Negative** (Sache) von dem andern sey. Z. E. Die Negative des Aufgehens ist das Untergehen, wodurch ich nicht eine Negation des andern, sondern etwas, was in einer Realentgegensetzung mit dem andern steht, will verstanden wissen.

Bey dieser Realentgegensetzung ist folgender Satz als eine **Grundregel** zu bemerken. Die Realrepugnanz findet nur statt, in so ferne zwey Dinge als positive Gründe eins die Folge des andere aufhebt. Es sey Bewegkraft ein positiver Grund: so kann ein realer Widerstreit nur statt finden, in so ferne eine andere Bewegkraft mit ihr in Verknüpfung sich gegenseitig die Folge aufheben. Zum allgemeinen Beweise dient folgendes. Die einander widerstreitende Bestimmungen müssen **erstlich** in eben demselben Subjekte angetroffen werden. Denn gesetzt es sey eine Bestimmung in einem Dinge und eine andre, welche man will, in einem andern, so entspringet daraus keine wirkliche Entgegensetzung. * **Zweytens,** es kann eins

* Wir werden in der Folge noch von einer potentialen Entgegensetzung handeln.

eins der opponirten Bestimmungen bey einer Realentgegensetzung nicht das contradiktorische Gegentheil der andern seyn; denn alsdenn wäre der Widerstreit logisch und wie oben gewiesen worden unmöglich. Drittens, es kann eine Bestimmung nicht etwas anders verneinen als was durch die andre gesetzt ist; denn darin liegt gar keine Entgegensetzung. Viertens, sie können in so ferne sie einander Widerstreiten nicht alle beyde verneinend sey, denn alsdenn wird durch keine etwas gesetzt, was durch die andre aufgehoben würde. Demnach müssen in jeder Realentgegensetzung die Prädikate alle beyde positiv seyn, doch so, daß in der Verknüpfung sich die Folgen in demselben Subjekte gegenseitig aufheben. Auf solche Weise sind Dinge deren eins als die Negative des andern betrachtet wird beyde vor sich betrachtet positiv, allein in einem Subjekte verbunden, ist die Folge davon das Zero. Die Fahrt gegen Abend ist eben so wohl eine positive Bewegung, als die gegen Morgen, nur in eben demselben Schiffe heben sich die dadurch zurückgelegte Wege einander ganz oder zum Theil auf.

Hiedurch

Hieburch will ich nun nicht gemeint haben, als ob diese einander realentgegensetzte Dinge nicht übrigens viel Verneinungen in sich schlößen. Ein Schiff das nach Westen bewegt wird bewegt sich alsdenn nicht nach Osten oder Süden, ꝛc. ꝛc. es ist auch nicht in allen Orten zugleich. Viele Negationen die seiner Bewegung ankleben. Allein dasjenige was in der östlichen so wohl als westlichen Bewegung bey allen diesen Verneinungen noch Positives ist, dieses ist das einzige was einander real widerstreiten kann und wovon die Folge Zero ist.

Man kann eben dieses durch allgemeine Zeichen auf folge Art erläutern. Alle warhafte Verneinungen, die mithin möglich seyn, (denn die Verneinung eben desselben, was in dem Subjekt zugleich gesetzt ist, ist unmöglich,) können durch das Zero $= 0$ ausgedruckt werden und die Bejahung durch ein jegliches positives Zeichen; die Verknüpfung aber in demselben Subjekte durch $+$ oder $-$. Hier erkennet man daß $A + o = A$, $A - o = A$, $o + o = o$, $o - o = o$ * insgesamt keine Ent=

---

* Man könte hier auf die Gedanken kommen: daß $o - A$ noch ein Fall sey der hier ausgelassen worden.

Entgegensetzungen sind und daß in keinem etwas was gesetzt war, aufgehoben wird. Imgleichen ist A+A keine Aufhebung und es bleibt kein Fall übrig als dieser, A — A $=$ o d. i. daß von Dingen, deren eines die Negative des andern ist, beyde A und also warhaftig positiv seyn, doch so, daß eines dasjenige aufhebt was durchs andre gesetzt ist, welches hier durch Zeichen — angedeutet wird.

Die zweyte Regel, welche eigentlich die umgekehrte der ersten ist, lautet also: Allenthalben, wo ein positiver Grund ist und die Folge ist gleichwohl Zero, da ist eine Realentgegensetzung, d. i. dieser Grund ist mit einem andern positiven Grunde in Verknüpfung welcher die Negative des ersteren ist. Wenn ein Schiff im freyen Meer wirklich durch

Morgen-

den. Allein dieser ist im philosophischen Verstande unmöglich; denn von Nichts kann was Positives nimmermehr weggenommen werden. Wenn in der Mathematik dieser Ausdruck in der Anwendung richtig ist, so kommt es daher weil das Zero weder die Vermehrung noch Verminderung durch andre Größen im geringsten etwas ändert. A + o — A ist noch immer A — A, und daher das Zero ganz müßig ist. Der Gedanke welcher davon entlehnt worden, als wenn negative Größen weniger wie Nichts wären, ist daher nichtig und ungereimt.

Morgenwind getrieben wird, und es kommt nicht von der Stelle, wenigstens nicht so viel als der Wind dazu Grund enthält, so muß ein Seestrom ihm entgegenstreichen. Dieses wil im allgemeinen Verstande so viel sagen: daß die Aufhebung der Folge eines positiven Grundes jederzeit auch einen positiven Grund erheische. Es sey ein beliebiger Grund zu einer Folge b, so kann niemals die Folge o seyn, als in so ferne ein Grund zu — b d. i. zu etwas warhaftig Positivem da ist, welches dem ersten entgegengesetzt ist; $b - b = o$. Wenn jemands Verlassenschaft 10000 Rthl. Capital enthält, so kann die ganze Erbschaft nicht blos 6000 Rthl. ausmachen, außer in so ferne $10000 - 4000 = 6000$ ist, das ist, in so ferne vier tausend Thaler Schulden oder anderer Aufwand damit verbunden ist. Das folgende wird zur Erläuterung dieser Gesetze viel beytragen.

Ich mache zu dieser Abtheilung noch folgende Anmerkung als zum Beschlusse. Die Verneinung, in so ferne sie die Folge einer realen Entgegensetzung ist, wil ich Beraubung (privatio) nennen; eine jede Verneinung aber, in so ferne sie

B            nicht

nicht aus dieser Art von Repugnanz entspringt, soll hier ein Mangel (defectus, absentia) heissen. Die letztere erfodert keinen positiven Grund, sondern nur den Mangel desselben; die erstere aber hat einen wahren Grund der Position und einen eben so großen entgegengesetzten. Ruhe ist in einen Körper entweder bloß ein Mangel, d. i. eine Verneinung der Bewegung, in so ferne keine Bewegkraft da ist: oder eine Beraubung, in so ferne wohl Bewegkraft anzutreffen, aber die Folge, nemlich die Bewegung, durch eine entgegengesetzte Kraft aufgehoben wird.

Zweyter

## Zweyter Abschnitt,

In welchem Beyspiele aus der Weltweisheit angeführt werden, darin der Begriff der negativen Größen vorkommt.

1.

Ein jeder Körper widersteht durch Undurchdringlichkeit der Bewegkraft eines andern in den Raum einzudringen, den er einnimmt. Da er bey der Kraft des andern zur Bewegung gleichwohl ein Grund seiner Ruhe ist, so folgt aus dem vorigen: daß die Undurchdringlichkeit eben so wohl eine wahre Kraft in den Theilen des Körpers voraussetze, vermittelst deren sie zusammen einen Raum einnehmen, als diejenige immer seyn mag, womit ein anderer in diesen Raum sich zu bewegen bestrebt ist.

Stellet euch zur Erläuterung zwey Federn vor die gegen 'nander streben. Ohne Zweifel halten sie sich durch gleiche Kräfte in Ruhe. Setzet zwischen beyde eine Feder von gleicher Spannkraft: so wird diese durch ihre Bestrebung die nämliche Wirkung leisten und beyde Federn nach der Regel der Gleichheit der Wirkung und Gegenwirkung in Ruhe erhalten. An die Stelle dieser Feder bringet dagegen einen jeden festen Körper dazwischen, so wird durch ihn eben dasselbe geschehen und die vorher gedachte Federn werden durch seine Undurchdringlichkeit in Ruhe erhalten werden. Die Ursache der Undurchdringlichkeit ist demnach eine wahre Kraft, denn sie thut dasselbe was eine wahre Kraft thut. Wenn ihr nun Anziehung eine Ursache welche es auch seyn mag, nennet, vermöge deren ein Körper andere nöthigt gegen den Raum den er einnimmt zu drücken, oder sich zu bewegen, (es ist aber hier genug, sich diese Anziehung nur zu gedenken) so ist die Undurchdringlichkeit eine negative Anziehung. Dadurch wird alsdenn angezeigt: daß sie ein eben so positiver Grund sey als eine jede andere Bewegkraft in der Natur, und da die negative Anziehung eigentlich eine wahre Zurückstoßung ist, so wird in den Kräften der Elemente vermöge deren sie einen Raum einnehmen, doch aber so daß sie diesem selbst Schranken setzen, durch den Confliktus zweyer Kräfte die einander entgegengesetzt seyn, Anlaß zu vielen Erläuterungen gegeben, worin ich glaube zu einer deutlichen

deutlichen und zuverläßigen Erkenntnis gekommen zu seyn, die ich in einer andern Abhandlung bekannt machen werde.

2. Wir wollen ein Beispiel aus der Seelenlehre nehmen. Es ist die Frage: Ob Unlust lediglich ein Mangel der Lust, oder ein Grund der Beraubung derselben, der an sich selbst zwar was positives, und nicht lediglich das contradiktorische Gegentheil von Lust, ihr aber im Realverstande entgegengesetzt sey, und also ob die Unlust eine negative Lust könne genannt werden. Nun lehret gleich anfangs die innere Empfindung: daß die Unlust mehr als eine bloße Verneinung sey. Denn was man auch nur vor Lust haben mag, so fehlt hieben doch immer einige mögliche Lust, so lange wir eingeschränkte Wesen sind. Derjenige welcher ein Medicament, das wie das reine Wasser schmeckt, einnimmt, hat vielleicht eine Lust über die erwartete Gesundheit; in dem Geschmacke hingegen fühlet er eben keine Lust: dieser Mangel ist aber noch nicht Unlust. Gebet ihm ein Arzneymittel von Wermuth. Diese Empfindung ist sehr positiv. Hier ist nicht ein bloßer Mangel von Lust, sondern etwas was ein wahrer Grund des Gefühls ist, welches man Unlust nennet.

Allein man kann aus der angeführten Erläuterung allenfalls nur erkennen: daß die Unluſt nicht lediglich ein Mangel ſondern eine poſitive Empfindung ſey; daß ſie aber ſo wohl etwas Poſitives, als auch der Luſt real entgegen geſetzt ſey, erhellet am deutlichſten auf folgende Art. Man bringt einer ſpartaniſchen Mutter die Nachricht daß ihr Sohn im Treffen vor das Vaterland heldenmüthig gefochten habe. Das angenehme Gefühl der Luſt bemächtigt ſich ihrer Seele. Es wird hinzugefügt, er habe hiebey einen rühmlichen Tod erlitten. Dieſes vermindert gar ſehr jene Luſt und ſetzt ſie auf einen geringern Grad. Nennet die Grade der Luſt aus dem erſten Grunde allein $4a$ und die Unluſt ſey blos eine Verneinung $= 0$, ſo iſt nachdem beydes zuſammen genommen worden der Werth des Vergnügens $4a + 0 = 4a$ und alſo wäre die Luſt durch die Nachricht des Todes nicht vermindert worden, welches falſch iſt. Es ſey demnach die Luſt aus ſeiner bewieſenen Tapferkeit $= 4a$ und was da übrig bleibt nachdem aus der andern Urſache die Unluſt mitgewirkt hat $= 3a$ ſo iſt die Unluſt $= a$ und ſie iſt die Negative der Luſt nemlich $— a$ und daher $4a — a = 3a$.

Die Schätzung des ganzen Werths der gesamten Lust in einem vermischten Zustande würde auch sehr ungereimt seyn, wenn Unlust eine bloße Verneinung und dem Zero gleich wäre. Jemand hat ein Landguth gekauft dessen Ertrag jährlich 2000 Rthlr ist. Man drucke den Grad der Lust über diese Einnahme in so ferne sie rein ist mit 2000 aus. Alles was er aber von dieser Einnahme abgeben muß ohne es zu genießen ist ein Grund der Unlust. Grundzins 200 Rthl. Gesindelohn 100 Rthl. Reparatur 150 Rthlr. jährlich. Ist die Unlust eine bloße Verneinung $=0$, so ist alles in einander gerechnet die Lust die er an seinem Kauf hat. $2000 + 0 + 0 + 0 = 2000$, d. i. eben so groß, als wenn er den Ertrag ohne Abgaben genießen könnte. Nun ist aber offenbar daß er sich nicht mehr über diese Einkünfte zu erfreuen hat, als in so ferne ihm nach Abzug der Abgaben was übrig bleibt, und es ist der Grad des Wohlgefallens $2000 - 200 - 100 - 150 = 1550$. Es ist demnach die Unlust nicht bloß ein Mangel der Lust, sondern ein positiver Grund, diejenige Lust, die aus einem andern Grunde statt findet, ganz oder zum Theil aufzuheben, und ich nenne sie daher eine negative Lust. Der Mangel der Lust so wohl als der Unlust, in so ferne er aus dem Mangel der Gründe hiezu herzuleiten ist, heißt Gleichgültigkeit (indifferentia). Der Mangel der Lust so wohl als Unlust, in so fern er eine Folge aus der Realopposition gleicher Gründe abhängt, heißt das Gleichgewicht (aequilibrium): beydes ist Zero, das erstere aber einer Verneinung schlechthin, das zweyte eine Beraubung. Der Zustand des Gemüths, in welchem, bey ungleicher entgegengesetzter Lust und Unlust, von einer dieser beyden Empfindungen etwas übrig bleibt, ist das Uebergewicht der Lust oder Unlust (suprapondium voluptatis vel taedii). Nach dergleichen Begriffen suchte der Herr v. Maupertuis in seinem Versuche der moralischen Weltweisheit die Summe der Glückseligkeit des menschlichen Lebens zu schätzen, und sie kann auch nicht anders geschätzt werden, nur daß diese Aufgabe vor Menschen unauflöslich ist, weil nur gleichartige Empfindungen können in Summen gezogen werden, das Gefühl aber in dem sehr verwickelten Zustande des Lebens nach der Mannigfaltigkeit der Rührungen sehr verschieden scheint. Der Calcul gab diesem gelehrten Manne ein negatives Facit, worinn ich ihm gleichwol nicht beystimme.

Aus

Aus diesen Gründen kann man die Verabscheuung eine negative Bergierde, den Haß eine negative Liebe, die Häßlichkeit eine negative Schönheit, den Tadel einen negativen Ruhm ꝛc. nennen. Man könte hiebey vielleicht denken: daß dieses alles nur eine Krämerey mit Worten sey. Allein nur diejenige werden so urtheilen, die nicht wissen, welcher Vortheil darin steckt, wenn die Ausdrücke zugleich die Verhältnis zu schon bekanten Begriffen anzeigen, wovon die mindeste Erfahrenheit in der Mathematik jedermann leicht belehren kann. Der Fehler, darin um dieser Vernachläßigung willen viele Philosophen verfallen sind, liegt am Tage. Man findet daß sie mehrentheils die Uebel wie bloße Verneinungen behandeln, ob es gleich nach unsern Erläuterungen offenbar ist: daß es Uebel des Mangels (mala defectus) und Uebel der Beraubung (mala priuationis) giebt. Die erstern sind Verneinungen, zu deren entgegengesetzter Position kein Grund ist, die letztern setzen positive Gründe voraus, dasjenige Gute aufzuheben, wozu wirklich ein anderer Grund ist und sind ein negatives Gute. Dieses letztere ist ein viel grösseres Uebel als das erstere. Nicht geben ist in Verhältnis

hältnis auf den der bedürftig ist ein Uebel, aber Nehmen, Erpressen, Stehlen ist in Absicht auf ihn ein viel größeres, und Nehmen ist ein negatives Geben. Man könte ein Aehnliches bey logischen Verhältnissen zeigen. Irrthümer sind negative Warheiten ( man vermenge dieses nicht mit der Warheit negativer Sätze ) eine Widerlegung ist ein negativer Beweis; allein ich besorge mich hiebey zu lange aufzuhalten. Es ist meine Absicht nur diese Begriffe in den Gang zu bringen, der Nutze wird sich durch den Gebrauch finden und ich werde davon im dritten Abschnitt einige Aussichten geben.

3. Die Begriffe der realen Entgegensetzung haben auch ihre nützliche Anwendung in der praktischen Weltweisheit. Untugend (demeritum) ist nicht lediglich eine Verneinung; sondern eine negative Tugend ( meritum negatiuum ). Denn Untugend kann nur Statt finden, in so ferne als in einem Wesen ein inneres Gesetz ist, ( entweder bloß das Gewissen oder auch das Bewustseyn eines positiven Gesetzes ) welchem entgegengehandelt wird. Dieses innere Gesetz ist ein positiver Grund einer guten Handlung, und die Folge kann bloß darum

Zero

Zero seyn, weil diejenige, welche aus dem Bewußtseyn des Gesetzes allein fließen würde, aufgehoben wird. Es ist also hier eine Beraubung, eine reale Entgegensetzung und nicht bloß ein Mangel. Man bilde sich nicht ein daß dieses lediglich auf die Beziehungsfehler (demerita commissionis) und nicht zugleich auf die Unterlassungsfehler (demerita omissionis) gehe. Ein unvernünftig Thier verübt keine Tugend. Es ist diese Unterlassung aber nicht Untugend (demeritum). Denn es ist keinem inneren Gesetze entgegen gehandelt worden. Es ward nicht durch inneres moralisches Gefühl zu einer guten Handlung getrieben, und dadurch daß es ihm widerstanden oder vermittelst eines Gegengewichts wurde das Zero, oder die Unterlassung als eine Folge nicht bestimmt. Sie ist hier eine Verneinung schlechthin, aus Mangel eines positiven Grundes, und keine Beraubung. Setzet dagegen einen Menschen, der denjenigen, dessen Noth er sieht und dem er leicht helfen kann, nicht hilft. Hier ist, wie in dem Herzen eines jeden Menschen, so auch bey ihm ein positives Gesetz der Nächstenliebe. Dieses muß überwogen werden. Es gehört hiezu eine wirkliche innere Handlung aus Bewegungsursachen, damit

die

die Unterlassung möglich sey. Dieses Zero ist die Folge einer realen Entgegensetzung. Es kostet auch wirklich einigen Menschen im Anfange merkliche Mühe einiges Gute zu unterlassen, wozu sie die positive Antriebe in sich bemerken; die Gewohnheit erleichtert alles und diese Handlung wird zuletzt wenig mehr wargenommen. Es sind demnach die Begehungssünden von den Unterlassungssünden moralisch nicht der Art, sondern der Größe nach nur unterschieden. Physisch, nemlich den äußern Folgen nach, sind sie auch wohl der Art nach verschieden. Derjenige der nichts bekommt, leidet ein Uebel des Mangels, und, dem genommen wird, ein Uebel der Beraubung. Allein, was den moralischen Zustand desjenigen, dem die Unterlassungssünde zukommt, anlanget, so wird zur Begehungssünde nur ein grösserer Grad der Handlung erfodert. So wie das Gegengewichte am Hebel eine warhafte Kraft anwendet, um die Last bloß in Ruhe zu erhalten, und nur einiger Vermehrung bedarf, um es auf die andere Seite wirklich zu bewegen. Eben also, wer nicht bezahlt was er schuldig ist, der wird in gewissen Umständen betrügen um zu gewinnen, und wer nicht hilft wenn er kann, der wird, so bald

sich

29

ſich die Bewegurſachen vergröſſern, den andern verderben. Liebe und nicht Liebe ſind eins das contradiktoriſche Gegentheil vom andern. Nicht Liebe iſt eine warhafte Verneinung, aber in Anſehung deſſen, wozu man ſich einer Verbindlichkeit zu lieben bewuſt iſt, iſt dieſe Verneinung nur durch reale Entgegenſetzung und mithin nur als eine Beraubung möglich. Und in einem ſolchen Falle iſt nicht zu lieben und zu haſſen nur eine Verſchiedenheit in Graden. Alle Unterlaſſungen, die zwar Mängel einer gröſſeren moraliſchen Vollkommenheit ſind, aber nicht Unterlaſſungsſünden, ſind dagegen nichts als Verneinungen ſchlechthin einer gewiſſen Tugend und nicht Beraubungen oder Untugend. Von dieſer Art ſind die Mängel der Heiligen und die Fehler edler Seelen. Es fehlt ein gewiſſer gröſſerer Grund der Vollkommenheit und der Mangel äußert ſich nicht um der Entgegenwirkung willen.

Man könte die Anwendung der angeführten Begriffe auf die Gegenſtände der praktiſchen Weltweisheit noch ſehr erweitern. Verbote ſind negative Gebote, Strafen negative Belohnungen u. ſ. w. Allein meine Abſicht iſt vorjetzt erreicht, wenn nur der Gebrauch dieſes Gedankens überhaupt verſtanden

standen wird. Ich bemerke wohl: daß Lesern von aufgeklärter Einsicht die bisherige Erläuterung weitläuftiger vorkommen werde als nöthig ist. Allein man wird mich entschuldigen, so bald man bedenkt, daß es sonsten noch ein sehr ungelehriges Geschlecht von Beurtheilern gebe, welche, indem sie ihr Leben nur mit einem einzigen Buche zubringen, nichts verstehen als was darinn enthalten ist, und in Ansehung deren die äußerste Weitläuftigkeit nicht überflüßig ist.

4. Wir wollen noch ein Beispiel aus der Naturwissenschaft entlehnen. In der Natur giebt es viel Beraubungen aus dem Confliktus zweyer wirkenden Ursachen, deren eine die Folge der andern durch reale Entgegensetzung aufhebt. Es ist aber oftmals ungewiß ob es nicht vielleicht bloß die Verneinung des Mangels sey, weil eine positive Ursache fehlt, oder ob es die Folge der Opposition warhafter Kräfte sey, so wie die Ruhe entweder der fehlenden Bewegursache, oder dem Streit zweyer einander aufhaltenden Bewegkräfte beyzumessen ist. Es ist z. E. eine berühmte Frage ob die Kälte eine positive Ursache erheische, oder ob sie, als ein Mangel schlechthin, der Abwesenheit der Ursache der Wärme beyzumessen sey. Ich halte mich so weit es

zu

zu meinem Zwecke dient hiebey ein wenig auf. Ohne Zweifel ist die Kälte selber nur eine Verneinung der Wärme, und es ist leicht einzusehen, daß sie an sich selbst auch ohne positiven Grund möglich sey. Eben so leicht ist es aber zu verstehen: daß sie auch von einer positiven Ursache herrühren können und wirklich bisweilen daraus entspringe, was man auch vor eine Meynung vom Ursprunge der Wärme annehmen mag. Man kennet keine absolute Kälte in der Natur, und wenn man von ihr redet so versteht man sie nur vergleichungsweise. Nun stimmen Erfahrung und Vernunftgründe zusammen, den Gedanken des berühmten v. Musschenbrock zu bestätigen: daß die Erwärmung nicht in der innern Erschütterung sondern in dem wirklichen Uebergange des Elementarfeuers aus einer Materie in die andere bestehe, obgleich dieser Uebergang vermuthlich mit einer innern Erschütterung begleitet seyn mag, ungleichen diese erregte Erschütterung den Austritt des Elementarfeuers aus den Körpern befördert. Auf diesen Fuß, wenn das Feuerelement unter den Körpern in einem gewissen Raum im Gleichgewichte ist, so sind sie verhältnismässig gegen einander weder kalt noch warm. Ist dieses Gleichgewicht gehoben, so

ist

ist diejenige Materie, in die das Elementarfeuer übergeht, verhältnismeise gegen den, der dadurch desselben beraubt wird, kalt, dieser dagegen heißt, in so ferne er in jenen diese Materie der Wärme überläßt, in Ansehung desselben, warm. Der Zustand in dieser Veränderung heißt bey jenem Erwärmung, bey diesem, Erkältung, bis alles wiederum im Gleichgewichte ist.

Nun ist wohl nichts natürlicher zu gedenken, als daß die Anziehungskräfte der Materie dieses subtile und elastische Flüßige so lange in Bewegung setzen und die Masse der Körper damit anfüllen, bis es allerwerts im Gleichgewichte ist, wenn nemlich die Räume in der Verhältnis der Anziehungen die daselbst wirken damit angefüllet seyn. Und hier fällt es deutlich in die Augen: daß eine Materie die eine andere in der Berührung erkältet, durch warhafte Kraft (der Anziehung) das Elementarfeuer raube, womit die Masse des andern erfüllet war, und daß die Kälte jenes Körpers eine negative *Wärme* genannt werden könne, weil die Verneinung, die in den wärmeren Körper daraus folgt, eine Beraubung ist. Allein hier würde die Einführung dieser Benennung ohne Nutzen und nicht viel

besser

beſſer als ein Wortſpiel ſeyn. Meine Abſicht iſt hieben nur auf dasjenige was folgt gerichtet.

Es iſt lange bekannt daß die magnetiſche Körper zwey einander entgegenſtehende Enden haben, die man Pole nennt und deren der eine den gleichnamigen Punkt an dem andern zurückſtößt und den andern anzieht. Allein der berühmte Prof. Aepinus zeigte in einer Abhandlung, von der Aehnlichkeit der elektriſchen Kraft mit der magnetiſchen: daß elektriſirte Körper bey einer gewiſſen Behandlung eben ſo wohl zwey Pole an ſich zeigen, deren einen er den poſitiven, den andern den negativen Pol nennt, und wovon der eine dasjenige anzieht, was der andre zurückſtößt. Dieſe Erſcheinung wird am deutlichſten wargenommen, wenn eine Röhre einem elektriſchen Körper nahe genug gebracht wird, doch ſo, daß ſie keinen Funken aus ihm zieht. Ich behaupte nun: daß bey den Erwärmungen oder Erkältungen, d. i. bey allen Veränderungen der Wärme oder Kälte, vornemlich den ſchnellen, die in einem zuſammenhangenden Mittelraum oder in die Länge ausgebreiteten Körper an einem Ende geſchehen, jederzeit gleichſam zwey Pole der Wärme anzutreffen ſind wovon der eine poſitiv, d. i. über den vorigen

C               Grad

Grab des gedachten Körpers, der andere negativ, nemlich unter diesen Grab warm, d. i. kalt wird. Man weiß daß verschiedene Erdgrüfte inwendig desto stärkeren Frost zeigen, je mehr draußen die Sonne Luft und Erde erwärmt, und Mathias Bel, der die im Carpatischen Gebürge beschreibt, fügt hinzu, daß es eine Gewohnheit der Bauren in Siebenbürgen sey ihr Getränke kalt zu machen, wenn sie es in die Erde verscharren und ein schnell brennendes Feuer drüber machen. Es scheint daß die Erdschichte in dieser Zeit auf der oberen Fläche nicht positiv warm werden könne, ohne in etwas größerer Tiefe die Negative davon zu seyn. Boerhave führt sonst an, daß das Feuer der Schmiedeheerde in einem gewissen Abstande Kälte verursacht habe. In der freyen Luft über der Erdfläche scheint eben so wohl diese Entgegensetzung vornemlich bey den schnellen Veränderungen zu herrschen. Herr Jacobi führt irgendwo in dem Hamb. Magazin an: daß bey der strengen Kälte die oftermals weit gestreckte Länder angreift, doch gemeiniglich in einem langen Striche ansehnliche Plätze zwischen inne liegen wo es temperirt und gelinde ist. Eben so fand Herr Aepinus bey der Röhre

deren

deren ich gedachte: daß, von dem positiven Pol des einen Endes, bis zum negativen des andern, in gewissen Weiten die positiv- und negativ-elektrische Stellen abwechselten. Es scheinet es könne in irgend einer Region der Luft die Erwärmung nicht anheben, ohne in einer andern gleichsam die Wirkung eines negativen Pols, d. i. Kälte eben dadurch zu veranlassen, und auf diesen Fuß wird umgekehrt die an einem Orte behende zunehmende Kälte die Wärme in einer andern Gegend zu vermehren dienen, gleichwie, wenn ein an einem Ende erhitzter metallner Stab plötzlich im Wasser abgekühlt wird, die Wärme des andern Endes zunimmt.\* Demnach

---

\* Die Versuche, um sich der entgegengesetzten Pole der Wärme gewiß zu machen, würden wie mich dünkt leicht anzustellen seyn. In einer blechernen horizontalen Röhre von der länge eines Fußes, welche an beyden Enden ein paar Zoll senkrecht in die Höhe gebogen wäre, wenn sie mit Weingeist angefüllet und auf der einen Seite derselbe angesteckt würde, indem in dem andern Ende das Thermometer stände, würde sich meinem Vermuthen nach diese negative Entgegensetzung bald zeigen; wie man denn, um durch einseitige Erkältung die Wirkung auf der andern Seite warzunehmen, sich des Salzwassers bedienen könte, in welches auf der einen

nach hört der Unterschied der Wärmpole alsbald auf, wenn die Mittheilung oder Beraubung Zeit genug gehabt hat sich durch die ganze Materie gleichförmig zu verbreiten, gleichwie die Röhre des Herren Professor Aepinus nur einerley Elektricität zeigt, so bald sie den Funken gezogen hat. Vielleicht daß auch die große Kälte der obern Luftgegend nicht lediglich dem Mangel der Erwärmungsmittel

nen Seite gestoßen Eis geworfen werden könte. Bey dieser Gelegenheit wil ich nur noch bemerken, von welcher Beobachtung, die ich wünsche angestellt zu sehen, aller Warscheinlichkeit nach die Erklärung der künstlichen Kälte und Wärme bey den Auflösungen gewisser vermengten Materien viel Licht bekommen würde. Ich überrede mich nemlich: daß der Unterschied dieser Erscheinungen vornemlich darauf beruhen werde, ob die vermengte Flüßigkeiten nach der völligen Vereinbarung mehr oder weniger Volumen einnehmen, als ihr Raumesinhalt zusammen genommen vor der Vermischung austrug. Im ersteren Falle behaupte ich werden sie Wärme, im zweyten Kälte am Thermometer zeigen. Denn in dem Falle, da sie nach der Vermengung ein dichteres Medium geben, ist nicht allein mehr attraktivische Materie welche das Element des benachbarten Feuers in sich zieht als vorher in einem gleichen Raum, sondern es ist auch zu vermuthen: daß das Anziehungsvermögen größer werde, als nach Proportion der zunehmenden

Dichtig-

mittel, sondern einer positiven Ursache beyzumessen ist, nemlich daß sie in Ansehung der Wärme nach dem Maaße negativ wird, als die untere Luft und Boden es positiv seyn. Ueberhaupt scheinen die magnetische Kraft, die Elektricität und die Wärme, durch einerley Mittelmaterie zu geschehen. Alle ingesamt können durch Reiben erregt werden, und ich vermuthe, daß die Verschiedenheit

der Dichtigkeit, indessen daß vielleicht die Ausspannungskraft des verdichteten Aethers nur so wie bey der Luft in Verhältnis der Dichtigkeit zunimmt, weil nach dem Newton die Anziehungen in großer Näheit in viel größerer Proportion stehen als der umgekehrten der Entfernungen. Auf solche Weise wird die Mischung, wenn sie mehr Dichtigkeit hat, als beyder mengbarer Sachen Dichtigkeit vor der Vermengung zusammen genommen, in Ansehung der benachbarten Körper das Uebergewicht der Anziehung gegen das Elementarfeuer zeigen, und indem sie das Thermometer desselben beraubt, Kälte blicken lassen. Alles aber wird umgekehrt vor sich gehen, wenn die Mischung ein dünneres Medium giebt. Denn indem sie eine Menge Elementarfeuers fahren läßt, so ziehen es benachbarte Materien an und zeigen das Phänomenon der Wärme. Der Ausgang der Versuche entspricht nicht immer den Vermuthungen. Wenn aber die Versuche nicht lediglich eine Sache des Ohngefehrs seyn sollen, so müssen sie durch Vermuthung veranlaßt werden.

der Pole und die Entgegenſetzung der poſitiven und negativen Wirkſamkeit durch eine geſchickte Behandlung eben ſo wohl bey den Erſcheinungen der Wärme dürften bemerkt werden. Die ſchiefe Fläche des Gallilai, der Perpendikel des Huygens, die Queckſilberröhre des Torricelli, die Luftpumpe des Otto Guericke, und das gläſerne Prisma des Newton haben uns den Schlüſſel zu großen Naturgeheimniſſen gegeben. Die negative und poſitive Wirkſamkeit der Materien, vornemlich bey der Elektricität, verbergen allem Anſehen nach wichtige Einſichten und eine glücklichere Nachkommenſchaft, in deren ſchöne Tage wir hinausſehen, wird hoffentlich davon allgemeine Geſetze erkennen, was uns vorjetzt in einer noch zweydeutigen Zuſammenſtimmung erſcheint.

Dritter

## Dritter Abschnitt

Enthält einige Betrachtungen, welche zu der Anwendung des gedachten Begriffs auf die Gegenstände der Weltweisheit vorbereiten können.

Was ich bishaber vorgetragen habe sind nur die erste Blicke, die ich auf einen Gegenstand von Wichtigkeit, aber nicht minderer Schwierigkeit werfe. Wenn man von den angeführten Beyspielen, die begreiflich genug sind, zu allgemeinen Sätzen hinaufsteigt, so hat man Ursache äußerst besorgt zu seyn, daß sich auf einer unbetretenen Bahn Fehltritte zutragen können, die vielleicht nur im Fortgange bekannt werden. Ich gebe demnach dasjenige, was ich noch hierüber zu sagen habe, nur vor einen Versuch aus, der sehr unvollkommen ist, ob ich mir gleich von der Aufmerksamkeit, die man darauf etwa verwenden möchte, mannigfaltigen Nutzen verspreche. Ich weiß wohl: daß ein dergleichen Geständnis eine sehr schlechte Empfehlung zum Beyfalle ist, vor diejenige, die einen dreisten dogmatischen Ton verlangen, um sich in eine jede Richtung bringen zu lassen darinn man sie haben will. Aber, ohne das mindeste Bedauren über den Verlust des Beyfalls von dieser Art zu empfinden, sehe ich es einer so schlüpfrigen Kentniß, wie die metaphysische ist, vor viel gemäßer an, seine Gedanken zuvörderst der öffentlichen Prüfung darzulegen in der Gestalt unsicherer Versuche, als sie sogleich mit allem Auspuß von angemaßter Gründlichkeit und vollständiger Ueberzeugung anzukündigen, weil alsdenn gemeiniglich alle Besserung von der Hand gewiesen und ein jedes Uebel, das darinn anzutreffen ist, unheilbar wird.

1. Jedermann versteht leicht warum etwas nicht ist, in so ferne nemlich der positive Grund dazu mangelt, aber wie dasjenige, was da ist, aufhöre zu seyn, dieses ist so leicht nicht verstanden. Es existirt z. E. anjetzo in meiner Seele die Vorstellung der Sonne durch die Kraft meiner Einbildung. Den folgenden Augenblick höre ich auf diesen Gegenstand zu gedenken. Diese Vorstellung, welche war, hört in mir auf zu seyn, und der nächste Zustand ist das Zero vom vorigen. Wolte ich zum Grunde hievon angeben: daß darum

darum der Gedanke aufgehört wäre, weil ich im folgenden Augenblicke unterlassen hätte ihn zu bewirken, so wäre die Antwort von der Frage gar nicht unterschieden; denn es ist eben hievon die Rede, wie eine Handlung die wirklich geschieht, könne unterlassen werden, d. i. aufhören könne zu seyn.

Ich sage demnach: ein jedes Vergehen ist ein negatives Entstehen, d. i. Es wird, um etwas positives was da ist aufzuheben, eben so wohl ein wahrer Realgrund erfordert, als um es hervorzubringen wenn es nicht ist. Der Grund hievon ist in dem vorigen enthalten. Es sey a gesetzt: so ist nur $a - a = 0$, d. i. nur in so ferne ein gleicher aber entgegengesetzter Realgrund mit dem Grunde von a verbunden ist kann a aufgehoben werden. Die körperliche Natur bietet allerwerts Beyspiele davon dar. Eine Bewegung hört niemals gänzlich oder zum Theil auf, ohne daß eine Bewegkraft, welche derjenigen gleich ist, die die verlohrene Bewegung hätte hervorbringen können, damit in der Entgegensetzung verbunden wird. Allein auch die innere Erfahrung über die Aufhebung der, durch die Thätigkeit der Seele wirklich

wirklich gewordenen Vorstellungen und Begierden, stimmet damit sehr wohl zusammen. Man empfindet es in sich selbst sehr deutlich: daß um einen Gedanken voll Gram bey sich vergehen zu lassen und aufzuheben, warhafte und gemeiniglich große Thätigkeit erfodert wird. Es kostet wirkliche Anstrengung eine zum Lachen reitzende lustige Vorstellung zu vertilgen, wenn man sein Gemüth zur Ernsthaftigkeit bringen wil. Eine jede Abstraktion ist nichts anders, als eine Aufhebung gewisser klaren Vorstellungen, welche man gemeiniglich darum anstellt, damit dasjenige, was übrig ist, desto klärer vorgestellt werde. Jedermann weiß aber, wie viel Thätigkeit hiezu erfodert wird, und so kann man die Abstraktion eine negative Aufmerksamkeit nennen, das ist, ein warhaftes Thun und Handlen, welches derjenigen Handlung, wodurch die Vorstellung klar wird, entgegengesetzt ist, und durch die Verknüpfung mit ihr das Zero, oder den Mangel der klaren Vorstellung zuwege bringt. Denn sonst, wenn sie eine Verneinung und Mangel schlechthin wäre, so würde dazu eben so wenig Anstrengung einer Kraft erfodert werden, als dazu das ich etwas nicht weiß, weil niemals ein Grund dazu wär, Kraft nöthig ist. Eben

Eben dieselbe Nothwendigkeit eines positiven Grundes zu Aufhebung eines inneren Accidens der Seele zeiget sich in der Ueberwindung der Begierden, wobey man sich der oben angeführten Beyspiele bedienen kann. Ueberhaupt aber, auch außer den Fällen da man sich dieser entgegengesetzten Thätigkeit so gar bewußt ist und die wir angeführt haben, hat man keinen genugsamen Grund sie alsdenn in Abrede zu ziehen, wenn wir sie nicht in uns klar bemerken. Ich gedenke z. E. anjetzt an den Tieger. Dieser Gedanke verstert sich und es fällt mir dagegen der Jackall ein. Man kann freylich bey dem Wechsel der Vorstellungen eben keine besondere Bestrebung der Seele in sich warnehmen, die da wirkte, um eine von den gedachten Vorstellungen aufzuheben. Allein welche bewundernswürdige Geschäftigkeit ist nicht in den Tiefen unsres Geistes verborgen, die wir mitten in der Ausübung nicht bemerken, darum weil der Handlungen sehr viel sind, jede einzelne aber nur sehr dunkel vorgestellt wird. Die Beweisthümer davon sind jedermann bekannt, man mag unter diesen nur die Handlungen in Erwegung ziehen, die unbemerkt in uns vorgehen, wenn wir lesen, so

muß

muß man darüber erstaunen. Man kann unter andern hierüber die Logik der Reimarus nachsehen, welcher hierüber Betrachtung anstellt. Und so ist zu urtheilen, daß das Spiel der Vorstellungen und überhaupt aller Thätigkeiten unserer Seele, in so ferne ihre Folgen, nachdem sie wirklich waren wieder aufhören, entgegengesetzte Handlungen voraussetzen davon eine die Negative der andern ist, zu Folge den gewissen Gründen die wir angeführt haben, ob uns gleich nicht immer die innere Erfahrung davon belehren kann.

Wenn man die Gründe in Erwegung zieht, auf welchen die hier angeführte Regel beruht, so wird man alsbald inne: daß was die Aufhebung eines existirenden Etwas anlangt, unter den Accidenzien der geistigen Naturen desfals kein Unterschied seyn könne, von denen Folgen wirksamer Kräfte in der körperlichen Welt, nemlich daß sie niemals anders aufgehoben werden als durch eine wahre entgegengesetzte Bewegkraft eines andern, und ein inneres Accidens, ein Gedanke der Seele, kann nicht aufhören zu seyn, ohne eine warhaftig thätige Kraft eben desselben denkenden Subjects. Der Unterschied betrift hier nur die verschiedene

verschiedene Gesetze welchen diese zweyerley Arten von Wesen untergeordnet seyn; indem der Zustand der Materie niemals anders als durch äußere Ursache, der eines Geistes aber auch durch eine innere Ursache verändert werden kann; die Nothwendigkeit der Realentgegensetzung bleibt indessen bey diesem Unterschiede immer dieselbe.

Ich bemerke nochmals daß es ein betrügerischer Begriff sey, wenn man die Aufhebung der positiven Folgen der Thätigkeit unserer Seele glaubt verstanden zu haben, wenn man sie Unterlassungen nennt. Es ist überaus merkwürdig: daß je mehr man seine gemeinste und zuversichtlichste Urtheile durchforscht, desto mehr man solche Blendwerke entdeckt, da wir mit Worten zufrieden seyn ohne etwas von den Sachen zu verstehen. Daß ich jetzo einen gewissen Gedanken nicht habe, ist, wenn er vorher auch nicht gewesen ist, daraus freylich verständlich genug, wenn ich sage, ich unterlasse dieses zu denken; denn dieses Wort bedeutet alsdenn den Mangel des Grundes woraus der Mangel der Folge begriffen wird. Heißt es aber: woher ist ein Gedanke in mir nicht mehr, der kurz vorher war? so ist die vorige Antwort ganz nichtig.

Denn

Denn dieses Nichtseyn ist nunmehro eine Beraubung und das Unterlassen hat anietzt einen ganz andern Sinn, * nemlich die Aufhebung einer Thätigkeit, die kurz vorher war. Dieses ist aber die Frage die ich thue und bey der ich mich durch ein Wort nicht so leicht abspeisen lasse. Bey der Anwendung der gedachten Regel auf allerley Fälle der Natur hat man viel Behutsamkeit nöthig, damit man nicht fälschlich etwas verneinendes vor positiv halte, welches leicht geschieht. Denn der Sinn des Satzes den ich hier angeführt habe, gehet auf das Entstehen und Vergehen von etwas das da positiv ist. Z. E. Das Vergehen einer Flamme weil die Nahrung erschöpft ist, ist kein negatives Entstehen, d. i. es gründet sich nicht auf eine warhafte Bewegkraft, die derjenigen wodurch sie entsteht entgegengesetzt ist. Denn die Fortdauer einer Flamme ist nicht die Dauer einer Bewegung die schon da ist, sondern die beständige Erzeugung neuer Bewegungen anderer brennbarer Dunsttheilchen. ** Demnach ist das Aufhören der Flamme

---

\* Dieser Sinn selbst kommt dem Worte nicht einmal eigentlich zu.

\*\* Ein jeder Körper, dessen Theile sich plötzlich in Dunst verwandeln und also die Zurückstoßung ausüben, die dem

me nicht das Aufheben einer wirklichen Bewegung, sondern der Mangel neuer Bewegungen und mehrerer Trennungen, darum weil die Ursache dazu fehlt, nemlich die fernere Nahrung des Feuers, welches alsdenn nicht als ein Aufheben einer existirenden Sache, sondern als der Mangel des Grundes zu einer möglichen Position, (der weiteren Absonderung) muß angesehen werden. Doch genug hievon. Ich schreibe dieses um den Versuchten in dergleichen Art von Erkentniß Anlaß zu weiterer Betrachtung zu geben; die Unerfahrenen würden freylich mehr Erläuterung zu fodern berechtigt seyn.

2. Die Sätze, die ich in dieser Nummer vorzutragen gedenke, scheinen mir von der äußersten Wichtigkeit zu seyn. Vorher aber muß ich noch zu dem allgemeinen Begriffe der negativen Größen eine Bestimmung hinzuthun, welche ich mit Bedacht oben bey Seite gesetzt habe, um die Gegenstände einer angestrengten Aufmerksamkeit nicht zu sehr zu häufen. Ich habe bisher die Gründe der

realen

dem Zusammenhange entgegengesetzt ist, sprüht Feuer von sich und brennt, weil das Elementarfeuer das vorher im Stande der Zusammendrückung war behende frey wird und sich ausbreitet.

realen Entgegensetzung nur erwogen, in so ferne sie Bestimmungen, deren eine die Negative der andern ist, wirklich in einem und eben demselben Dinge setzen, z. E Bewegkräfte eben desselben Körpers nach einander gerade entgegengesetzten Richtungen, und da heben die G ünde ihre beyderseitige Folgen nemlich die Bewegungen wirklich auf. Daher wil ich vorjetzt diese Entgegensetzung die Wirkliche nennen (oppositio actualis). Dagegen nennet man mit Recht solche Prädikate, die zwar verschiedenen Dingen zukommen, und eins die Folge des andern unmittelbar nicht aufheben, dennoch eins die Negative des andern, in so ferne ein jedes so beschaffen ist, daß es doch, entweder die Folge des andern, oder wenigsten etwas, was eben so bestimmt ist wie diese Folge und ihr gleich ist, aufheben könte. Diese Entgegensetzung kann die mögliche heißen (oppositio potencialis). Beyde sind real, d. i. von der logischen Opposition unterschieden, beyde sind in der Mathematik beständig im Gebrauche und beyde verdienen es auch in der Philosophie zu seyn. An zwey Körpern, die gegen einander in eben derselben geraden Linie mit gleichen Kräften bewegt seyn, können diese Kräfte, da sie sich im Stöße beyden

Körpern

Körpern mittheilen, eine der andern Negative genannt werden, und zwar im erstern Verstande durch die würkliche Entgegensetzung. Bey zwey Körpern die auf derselben geraden Linie in entgegenstehender Richtung sich mit gleichen Kräften von einander entfernen, ist eine der andern Negative; allein, da sie ihre Kräfte sich in diesem Falle nicht mittheilen, so stehen sie nur in potentialer Entgegensetzung, weil ein jeder eben so viel Kraft als in dem andern Körper ist, wenn er auf einen solchen, der in derselben Richtung wie jener bewegt wäre, stieße, in ihm aufheben würde. So werde ich es auch in dem nächstfolgenden von allen Gründen der realen Entgegensetzung in der Welt, und nicht blos von denen, die den Bewegkräften zukommen, verstehen. Um aber auch von den übrigen ein Beyspiel zu geben, so würde man sagen können, daß die Lust die ein Mensch hat und eine Unlust die ein ander hat in potentialer Entgegensetzung stehen, wie sie denn auch würklich gelegentlich eine die Folge der andern aufheben, indem bey diesem realen Wiederstreit oftmals einer dasjenige vernichtigt was der andere seiner Lust gemäs schaffet. Indem ich nun die Gründe, welche einander in beyderley

D Ver-

Verstande real entgegen gesetzt seyn, ganz allgemein nehme, so verlange man von mir nicht daß ich durch Beispiele in Concreto diese Begriffe jederzeit augenscheinlich mache. Denn eben so klar und faßlich wie alles was zu den Bewegungen gehört der Anschauung kan gemacht werden, so schwer und undeutlich sind bey uns die Realgründe, die nicht mechanisch seyn, um die Verhältniße derselben zu ihren Folgen in der Entgegensetzung oder Zusammenstimmung begreiflich zu machen. Ich begnüge mich demnach folgende Sätze in ihrem allgemeinen Sinne darzuthun.

Der erste Satz ist dieser. In allen natürlichen Veränderungen der Welt wird die Summe des Positiven, in so ferne sie dadurch geschätzt wird, daß einstimmige (nicht entgegengesetzte) Positionen addirt und real entgegengesetzte von einander abgezogen werden, weder vermehrt noch vermindert.

Alle Veränderung besteht darin: daß entweder etwas Positives was nicht war, gesetzt, oder dasjenige was da war aufgehoben wird. Natürlich aber ist die Veränderung in so ferne der Grund derselben eben so wohl wie die Folge zur Welt

Welt gehört. In dem erſten Falle demnach, da eine Poſition die nicht war geſetzt wird, iſt die Veränderung ein Entſtehen. Der Zuſtand der Welt vor dieſer Veränderung iſt in Anſehung dieſer Poſition dem Zero $= 0$ gleich und durch dies Entſtehen iſt die reale Folge $= A$. Ich ſage aber: daß, wenn $A$ entſpringt, in einer natürlichen Weltveränderung auch $-A$ entſpringen müſſe, d. i. daß kein natürlicher Grund einer realen Folge ſeyn könne ohne zugleich ein Grund einer andern Folge zu ſeyn die die Negative von ihr iſt. * Denn dieweil die Folge Nichts $= 0$ iſt, außer in ſo ferne der Grund geſetzt iſt, ſo enthält die Summe der Poſition in der Folge nicht mehr, als in dem Zuſtande der Welt enthalten war in ſo ferne ſie den Grund dazu enthielte. Es enthielt aber dieſer Zuſtand von der-

jent-

---

* So wie z. E. Im Stoße eines Körpers auf einen andern die Hervorbringung einer neuen Bewegung mit der Aufhebung einer gleichen die vorher war zugleich geſchieht, und wie niemand aus einem Kahne einen andern ſchwimmenden Körper nach einer Gegend ſtoßen kan, ohne ſelbſt nach der entgegengeſetzten Richtung getrieben zu werden.

jenigen Position die in der Folge ist das Zero, das heißt, in dem vorigen Zustande war die Position nicht, die in der Folge anzutreffen ist, folglich kan die Veränderung die daraus fließt im Ganzen der Welt, nach ihren würklichen oder potentialen Folgen, auch nicht anders als dem Zero gleich seyn. Da nun einerseits die Folge positiv und $= A$ ist, gleichwohl aber der ganze Zustand des Universum wie vorher in Ansehung der Veränderung A soll Zero $= O$ seyn dieses aber unmöglich ist, außer in so fern $A - A$ zusammenzunehmen ist, so fließt: daß niemals eine positive Veränderung natürlicher Weise in der Welt geschehe, deren Folge nicht im Ganzen in einer würklichen oder potentialen Entgegensetzung die sich aufhebt bestehe. Diese Summe giebt aber Zero $= O$ und vor der Veränderung war sie ebenfalls $= O$, so daß sie dadurch weder vermehrt noch vermindert worden.

In dem zweyten Fall, da die Veränderung in dem Aufheben von etwas Positivem besteht, ist die Folge $= O$. Es war aber der Zustand des gesammten Grundes nach der vorigen Nummer nicht bloß $= A$ sondern $A - A = O$. Also ist nach der Art zu schätzen, die ich hier voraus setze,

tze, die Position in der Welt weder vermehrt noch vermindert worden.

Ich will diesen Satz, der mir wichtig zu seyn scheinet, zu erläutern suchen. In den Veränderungen der Körperwelt steht er als eine schon längst bewiesene mechanische Regel fest. Sie wird so ausgedrückt: Quantitas motus, summando vires corporum in easdem partes et subtrahendo eas quae vergunt in contrarias, per mutuam illorum actionem (conflictum, pressionem, attractionem) non mutatur. Aber, ob man diese Regel gleich nicht in der reinen Mechanick unmittelbar aus dem metaphysischen Grunde herleitet, woraus wir den allgemeinen Satz abgeleitet haben, so beruhet seine Richtigkeit doch in der That auf diesem Grunde. Denn das Gesetz der Trägheit, welches in dem gewöhnlichen Beweise die Grundlage ausmacht, entlehnt seine Wahrheit blos von dem angeführten Beweisgrunde, wie ich leicht zeigen könte, wenn ich weitläuftig seyn dörfte.

Die Erläuterung der Regel mit der wir uns beschäftigen in denen Fällen der Veränderungen die nicht mechanisch sind, z. E. derer in unserer Seele, oder die von ihr überhaupt abhängen, ist ihrer

ihrer Natur nach ſchwer, wie überhaupt dieſe Würkungen ſo wohl als ihre Gründe bey weitem ſo faßlich und anſchauend deutlich nicht können dargeſtellt werden, als die in der Körperwelt. Gleichwohl will ich ſo viel es mir möglich zu ſeyn ſcheint, hierin Licht zu verſchaffen ſuchen.

Die Verabſcheuung iſt eben ſo wohl was Poſitives als die Begierde. Die erſte iſt eine Folge einer poſitiven Unluſt, wie dieſe die Folge einer Luſt iſt. Nun in ſo ferne wir an eben demſelben Gegenſtande Luſt und Unluſt zugleich empfinden, ſo ſind die Begierden und Verabſcheuungen deſſelben in einer würklichen Entgegenſetzung. Allein in ſo ferne eben derſelbe Grund der an einem Objekte Luſt veranlaßt, zugleich der Grund einer wahren Unluſt an andern wird, ſo ſind die Gründe der Begierden zugleich Gründe der Verabſcheuungen, und es iſt der Grund einer Begierde zugleich der Grund von Etwas, das in einer realen Oppoſition damit ſteht, ob dieſe gleich nur potential iſt. So wie die Bewegungen der Körper, die in derſelben geraden Linie in entgegengeſetzter Richtung ſich von einander entfernen, ob ſie gleich einer des andern Bewegung ſelber auf-

aufzuheben nicht bestrebt seyn, dennoch eine als die Negative des andern angesehen wird, weil sie potential einander entgegen gesetzt sind. Diesemnach, ein so großer Grad der Begierde in jemand zum Ruhme entspringt, ein eben so großer Grad des Abscheues entsteht zugleich in Beziehung auf das Gegentheil, und dieser Abscheu ist zwar nur potential, so lange noch die Umstände nicht in der wirklichen Entgegensetzung in Ansehung der Ruhmbegierde stehen, gleichwohl ist durch eben dieselbe Ursache der Ruhmbegierde ein positiver Grund eines gleichen Grades der Unlust in der Seele festgesetzt, in so ferne sich die Umstände der Welt denen entgegengesetzt zutragen möchten, die die erstere begünstigen. * Wir werden bald sehen, daß es in dem vollkommensten Wesen nicht so bewandt sey, und daß der Grund seiner höchsten Lust so gar alle Möglichkeit der Unlust ausschließe.

* Um des willen muste der stoische Weise alle dergleichen Triebe, die ein Gefühl großer sinnlicher Lust enthalten, ausrotten, weil man mit ihnen zugleich Gründe großer Unzufriedenheit und Misvergnügens pflanzet, die nach dem abwechselnden Spiel des Weltlaufs den ganzen Werth der erstern aufheben können.

Bei den Handlungen des Verstandes finden wir so gar, daß in je höherem Grade eine gewiße Idee klar oder deutlich gemacht wird, desto mehr werden die übrige verdunkelt und ihre Klarheit verringert, so daß das Positive, was bey einer solchen Veränderung würklich wird, mit einer realen und wirklichen Entgegensetzung verbunden ist, die, wenn man alles nach der erwehnten Art zu schätzen zusammen nimmt, den Grad des Positiven durch die Veränderung weder vermehrt noch vermindert.

Der zweyte Satz ist folgender: **Alle Realgründe des Universum, wenn man diejenige summirt welche einstimmig seyn und die von einander abzieht die einander entgegengesetzt seyn, geben ein Facit das dem Zero gleich ist.** Das Ganze der Welt ist an sich selbst Nichts, außer in so ferne es durch den Willen eines andern Etwas ist. Es ist demnach die Summe aller existirenden Realität, in so ferne sie in der Welt gegründet ist, vor sich selbst betrachtet dem Zero $= 0$ gleich. Ob nun gleich alle mögliche Realität in Verhältniß auf den göttlichen Willen ein Facit giebt das positiv ist, so wird gleichwohl dadurch das Wesen einer Welt nicht aufgehoben.

Aus

Aus diesem Wesen aber fließt nothwendiger Weise, daß die Existenz desjenigen was in ihr gegründet ist an und vor sich allein dem Zero gleich sey. Also ist die Summe des existirenden in der Welt in Verhältnis auf denjenigen Grund der außer ihr ist positiv, aber in Verhältnis der inneren Realgründe gegen einander dem Zero gleich. Da nun in dem ersten Verhältniße niemals eine Entgegensetzung der Realgründe der Welt gegen den göttlichen Willen statt finden kan, so ist in dieser Absicht keine Aufhebung und die Summe ist positiv. Weil aber in dem zweiten Verhältniße das Facit Zero ist, so folgt, daß die positiven Gründe in einer Entgegensetzung stehen müssen in welcher sie betrachtet und summirt Zero geben.

### Anmerkung zur zweyten Nummer.

Ich habe diese zwey Sätze in der Absicht vorgetragen um den Leser zum Nachdenken über diesen Gegenstand einzuladen. Ich gestehe auch, daß sie vor mich selbst nicht licht genug, noch mit genugsamer Augenscheinlichkeit aus ihren Gründen einzusehen sind. Indeßen bin ich gar sehr überführt, daß unvollendete Versuche, im abstracten

Erkenntniße problematisch vorgetragen, dem Wachsthum der höhern Weltweisheit sehr zuträglich seyn können; weil ein anderer sehr oft den Aufschluß in einer tief verborgenen Frage leichter antrift, als derjenige, der ihm dazu Anlaß giebt und dessen Bestrebungen vielleicht nur die Hälfte der Schwierigkeiten haben überwinden können. Der Inhalt dieser Sätze scheint mir eine gewiße Würde an sich zu haben, welche wohl zu einer genauen Prüfung derselben aufmuntern kann, wofern man nur ihren Sinn wohl begreift, welches in dergleichen Art von Erkenntnis nicht so leicht ist.

Ich will indessen noch einigen Misdeutungen vorzukommen suchen. Man würde mich ganz und gar nicht verstehen, wenn man sich einbildete, ich hätte durch den ersten Satz sagen wollen: daß überhaupt die Summe der Realität durch die Weltveränderungen gar nicht vermehrt noch vermindert werde. Dieses ist so ganz und gar nicht mein Sinn, daß auch die zum Beyspiel angeführte mechanische Regel gerade das Gegentheil verstattet. Denn durch den Stoß der Körper wird die Summe der Bewegungen bald vermehrt bald vermindert, wenn man sie vor sich betrachtet, allein das Facit, nach

der

der zugleich beygefügten Art geschätzet, ist dasjenige, was einerley bleibt. Denn die Entgegensetzungen sind in vielen Fällen nur potential, wo die Bewegkräfte einander würklich nicht aufheben und wo also eine Vermehrung statt findet. Allein nach der einmal zur Richtschnur angenommenen Schätzung müßen doch auch diese von einander abgezogen werden.

Eben so muß man bey der Anwendung dieses Satzes auf unmechanische Veränderungen urtheilen. Ein gleicher Misverstand würde es seyn, wenn man sich einfallen ließe, daß nach eben demselben Satze die Vollkommenheit der Welt gar nicht wachsen könte. Denn es wird ja durch diesen Satz gar nicht geleugnet, daß die Summe der Realität überhaupt nicht natürlicher Weise solte vermehrt werden können. Ueberdem besteht in diesem Conflictus der entgegengesetzten Realgründe gar sehr die Vollkommenheit der Welt überhaupt, gleichwie der materiale Theil derselben ganz offenbahr blos durch den Streit der Kräfte in einem regelmäßigen Laufe erhalten wird. Und es ist immer ein großer Misverstand, wenn man die Summe der Realität mit der Größe der Vollkommenheit als einerley ansieht. Wir haben oben gesehen, daß Unlust eben so wohl positiv sey wie

wie Luſt, wer würde ſie aber eine Vollkommenheit nennen.

3. Wir haben ſchon angemerkt, daß es oftmals ſchwer ſey auszumachen, ob gewiße Verneinungen der Natur bloße Mängel um eines fehlenden Grundes willen, oder Beraubungen ſeyn aus der Realentgegenſetzung zweyer Poſitiven Gründe. In der materialen Welt ſind die Beyſpiele hievon häufig. Die zuſammenhängende Theile eines jeden Körpers drucken gegen einander mit wahren Kräften, (der Anziehung) und die Folge dieſer Beſtrebungen würde die Verringerung des Raumesinnhalts ſeyn, wenn nicht eben ſo warhafte Thätigkeiten ihnen im gleichen Grade entgegenwürkten, durch die Zurückſtoßung der Elemente, deren Würkung der Grund der Undurchdringlichkeit iſt. Hier iſt Ruhe, nicht weil Bewegkräfte fehlen, ſondern weil ſie einander entgegen würken. Eben ſo ruhen die Gewichte an beyden Wagearmen, wenn ſie nach den Geſetzen des Gleichgewichts am Hebel angebracht ſind. Man kann dieſen Begrif weit über die Grenzen der materialen Welt ausdehnen. Es iſt eben nicht nöthig, daß, wann wir glauben in einer gänzlichen Un-

Unthätigkeit des Geistes zu seyn, die Summe der Realgründe des Denkens und Begehrens kleiner sey als in dem Zustande da sich einige Grade dieser Würksamkeit dem Bewußtseyn offenbahren. Saget dem gelehrtesten Manne in den Augenblicken da er müßig und ruhig ist, daß er etwas erzählen und von seiner Einsicht soll hören lassen. Er weiß nichts, und ihr findet ihn in diesem Zustande leer, ohne bestimmte Erwegungen oder Beurtheilungen. Gebt ihm nur Anlaß durch eine Frage, oder durch eure eigene Urtheile. Seine Wissenschaft offenbahrt sich in einer Reihe von Thätigkeiten, die eine solche Richtung haben, daß sie ihm und euch das Bewußtseyn dieser seiner Einsicht möglich machen. Ohne Zweifel waren die Realgründe dazu lange in ihm anzutreffen, aber da die Folge in Ansehung des Bewußtseyns Zero war, so musten sie einander in so ferne entgegen gesetzt gewesen seyn. So liegt derjenige Donner, den die Kunst zum Verderben erfand, in dem Zeughause eines Fürsten aufbehalten zu einem künftigen Kriege, in drohender Stille, bis wenn ein verrätherischer Zunder ihn berührt, er im Blitze auffährt und um sich her alles verwüstet.

Die

Die Spannfedern die unaufhörlich bereit waren aufzuspringen, lagen in ihm durch mächtige Anziehung gebunden, und erwarteten den Reitz eines Feuerfunkens um sich zu befreyen. Es steckt etwas großes, und, wie mich dünkt, sehr richtiges in dem Gedanken des Herrn von Leibnitz: Die Seele befasset das ganze Universum mit ihrer Vorstellungskraft, obgleich nur ein unendlich kleiner Theil dieser Vorstellungen klar ist. In der That müssen alle Arten von Begriffen nur auf der innern Thätigkeit unsers Geistes, als auf ihrem Grunde, beruhen. Aeußere Dinge können wohl die Bedingung enthalten, unter welcher sie sich auf eine oder andere Art hervorthun, aber nicht die Kraft sie würklich hervorzubringen. Die Denkungskraft der Seele muß Realgründe zu ihnen allen enthalten; so viel ihrer natürlicher Weise in ihr entspringen sollen und die Erscheinungen der entstehenden und vergehenden Kenntniße sind allem Ansehen nach nur der Einstimmung oder Entgegensetzung aller dieser Thätigkeit beyzumessen. Man kann diese Urtheile als Erläuterungen des ersten Satzes der vorigen Nummer ansehen.

In moralischen Dingen ist das Zero gleichfalls

falls nicht immer als eine Verneinung des Mangels zu betrachten, und eine positive Folge von mehr Größe nicht jederzeit ein Beweiß von einer größeren Thätigkeit, die in der Richtung auf diese Folge angewandt werden. Gebet einem Menschen zehn Grade Leidenschaft, die in einem gewißen Falle den Regeln der Pflicht wiederstreitet, z. E. Geldgeiß. Laßet ihn zwölf Grade Bestrebung nach Grundsätzen der Nächstenliebe anwenden; die Folge ist von zwey Graden, so viel als er wohlthätig und hülfreich seyn wird. Gedenket euch einen andern von drey Graden Geldbegierde, und von sieben Graden Vermögen nach Grundsätzen der Verbindlichkeit zu handeln. Die Handlung wird vier Grade groß seyn, als so viel nach dem Streite seiner Begierde er einem andern Menschen nützlich seyn wird. Es ist aber unstreitig: daß, in so ferne die gedachte Leidenschaft als natürlich und unwillkührlich kann angesehen werden, der moralische Werth der Handlung des ersteren größer sey als des zweyten, obzwar, wenn man sie durch die lebendige Kraft schätzen wolte, die Folge in dem letzteren Fall jene übertrift. Um des willen ist es Menschen unmöglich den Grad

der

der tugendhaften Gesinnung anderen aus ihren Handlungen sicher zu schließen, und es hat auch derjenige das Richten sich allein vorbehalten der in das Innerste der Herzen sieht.

4. Wenn man es wagen will diese Begriffe auf das so gebrechliche Erkenntniß anzuwenden, welches Menschen von der unendlichen Gottheit haben können, welche Schwierigkeiten umgeben alsdenn nicht unsere äußerste Bestrebungen? Da wir die Grundlage zu diesen Begriffen nur von uns selbst hernehmen können, so ist es in den mehresten Fällen dunkel, ob wir diese Idee eigentlich oder nur vermittelst einiger Analogie auf diesen unbegreiflichen Gegenstand übertragen sollen. Simonides ist noch immer ein Weiser, der nach vielfältiger Zögerung und Aufschub seinem Fürsten die Antwort gab: je mehr ich über GOtt nachsinne desto weniger vermag ich ihn einzusehen. So lautet nicht die Sprache des gelehrten Pöbels. Er weiß nichts, er versteht nichts, aber er redet von allem, und was er redet, darauf pochet er. In dem höchsten Wesen können keine Gründe der Beraubung, oder einer Realentgegensetzung statt finden. Denn weil in ihm und durch ihn alles gegeben

ben ist, so ist durch den Allbesitz der Bestimmungen in seinem eigenen Daseyn keine innere Aufhebung möglich. Um deswillen ist das Gefühl der Unlust kein Prädikat welches der Gottheit geziemend ist. Der Mensch hat niemals eine Begierde zu einem Gegenstande ohne das Gegentheil positiv zu verabscheuen, d. i. nicht allein so, daß die Beziehung seines Willens das contradiktorische Gegentheil der Begierde, sondern ihr Realentgegengesetztes, (Abscheu,) nemlich eine Folge aus positiver Unlust ist. Bey jeder Begierde, die ein treuer Führer hat seinen Schüler wohl zu ziehen, ist ein jeder Erfolg, der seinem Begehren nicht gemäß ist, ihm positiv entgegen und ein Grund der Unlust. Die Verhältnisse der Gegenstände auf den göttlichen Willen sind von ganz anderer Art. Eigentlich ist kein äußeres Ding ein Grund weder der Lust noch Unlust in demselben; denn er hängt nicht im mindesten von etwas andern ab, und es wohnet dem durch sich selbst Seligen nicht diese reine Lust bey, weil das Gute außer ihm existirt, sondern es existirt dieses Gute darum, weil die ewige Vorstellung seiner Möglichkeit und die damit verbundene Lust ein Grund der vollzogenen Begierde ist. Wenn man

E die

die concrete Vorstellung von der Natur des Begehrens alles Erschaffenen hiemit vergleicht, so wird man gewahr daß der Wille des Unerschaffenen wenig Aehnliches damit haben könne; welches denn auch in Ansehung der übrigen Bestimmungen demjenigen nicht unerwartet seyn wird, welcher dieses wohl faßt, daß der Unterschied in der Qualität unermeßlich seyn müsse, wenn man Dinge vergleicht, deren die einen vor sich selbst Nichts seyn, das andre aber durch welches allein Alles ist.

### Allgemeine Anmerkung.

Da der gründlichen Philosophen, wie sie sich selbst nennen, täglich mehr werden, die, indem sie so tief in alle Sachen einschauen, daß ihnen auch nichts verborgen bleibt was sie nicht erklären und begreifen könten, so sehe ich schon voraus, daß der Begriff der Realentgegensetzung, welcher im Anfange dieser Abhandlung von mir zum Grunde gelegt worden, ihnen sehr seicht, und der Begriff der negativen Größen, der darauf gebauet worden, nicht gründlich genug vorkommen werde. Ich, der ich aus der Schwäche meiner Einsicht kein Geheimniß mache, nach welcher ich gemeiniglich dasjenige am wenigsten

wenigsten begreife, was alle Menschen leicht zu verstehen glauben, schmeichle mir durch mein Unvermögen ein Recht zu dem Beystande dieser großen Geister zu haben, daß ihre hohe Weisheit die Lücke ausfüllen möge, die meine mangelhafte Einsicht hat übrig lassen müssen.

Ich verstehe sehr wohl, wie eine Folge durch einen Grund nach der Regel der Identität gesetzt werde, darum weil sie durch die Zergliederung der Begriffe in ihm enthalten befunden wird. So ist die Nothwendigkeit ein Grund der Unveränderlichkeit, die Zusammensetzung ein Grund der Theilbarkeit, die Unendlichkeit ein Grund der Allwissenheit ic. ic. und diese Verknüpfung des Grundes mit der Folge kann ich deutlich einsehen, weil die Folge wirklich einerley ist mit einem Theilbegriffe des Grundes, und, indem sie schon in ihm befaßt wird, durch denselben nach der Regel der Einstimmung gesetzt wird. Wie aber etwas aus etwas andern, aber nicht nach der Regel der Identität, fließe, das ist etwas, welches ich mir gerne möchte deutlich machen lassen. Ich nenne die erstere Art eines Grundes den logischen Grund, weil seine Beziehung auf die Folge logisch, nemlich deutlich nach der Regel der

Identität kann eingesehen werden, den Grund aber der zweyten Art nenne ich den Realgrund, weil diese Beziehung wohl zu meinen wahren Begriffen gehört, aber die Art derselben auf keinerley Weise kann beurtheilt werden.

Was nun diesen Realgrund und dessen Beziehung auf die Folge anlangt, so stellet sich meine Frage in dieser einfachen Gestalt dar: wie soll ich es verstehen, daß weil Etwas ist, etwas anders sey? Eine logische Folge wird eigentlich nur darum gesetzt, weil sie einerley ist mit dem Grunde. Der Mensch kann fehlen; der Grund dieser Fehlbarkeit liegt in der Endlichkeit seiner Natur, denn, wenn ich den Begriff eines endlichen Geistes auflöse, so sehe ich daß die Fehlbarkeit in demselben liege, das ist, einerley sey mit demjenigen was in dem Begriffe eines Geistes enthalten ist. Allein der Wille Gottes enthält den Realgrund vom Daseyn der Welt. Der göttliche Wille ist etwas. Die existirende Welt ist etwas ganz anderes. Indessen durch das eine wird das andre gesetzt. Der Zustand, in welchem ich den Namen Stagyrit höre, ist etwas, dadurch wird etwas anders nemlich mein Gedanke von einem Philosoph gesetzt. Ein Körper

A ist

A ist in Bewegung, ein anderer B in der geraden Linie derselben in Ruhe. Die Bewegung von A ist etwas, die von B ist etwas anders, und doch wird durch die eine die andre gesetzt. Ihr möget nun den Begriff vom göttlichen Wollen zergliedern so viel euch beliebt, so werdet ihr niemals eine existirende Welt darin antreffen, als wenn sie darin enthalten und um der Identität willen dadurch gesetzt sey, und so in den übrigen Fällen. Ich lasse mich auch durch die Wörter, Ursache und Wirkung, Kraft und Handlung nicht abspeisen. Denn, wenn ich etwas schon als eine Ursache wovon ansehe, oder ihr den Begriff einer Kraft beylege, so habe ich in ihr schon die Beziehung des Realgrundes zu der Folge gedacht, und denn ist es leicht die Position der Folge nach der Regel der Identität einzusehen. Z. E. Durch den allmächtigen Wille. Gottes kann man ganz deutlich das Daseyn der Welt verstehen. Allein hier bedeutet die Macht dasjenige Etwas in Gott, wodurch andre Dinge gesetzt werden. Dieses Wort aber bezeichnet schon die Beziehung eines Realgrundes auf die Folge, die ich mir gerne möchte erklären lassen. Gelegentlich merke ich nur an, daß die Eintheilung des Herrn Crusius, in den Ideal- und Realgrund

von

von der meinigen gänzlich unterschieden sey. Denn sein Idealgrund ist einerley mit dem Erkentnisgrunde, und da ist leicht einzusehen, daß, wenn ich etwas schon als einen Grund ansehe, ich daraus die Folge schließen kann. Daher nach seinen Sätzen der Abendwind ein Realgrund von Regenwolken ist, und zugleich ein Idealgrund, weil ich sie daraus erkennen und voraus vermuthen kann. Nach unsern Begriffen aber ist der Realgrund niemals ein logischer Grund, und durch den Wind wird der Regen nicht zu folge der Regel der Identität gesetzt. Die von uns oben vorgetragene Unterscheidung der logischen und realen Entgegensetzung ist der jetzt gedachten vom logischen und Realgrunde parallel.

Die erstere sehe ich deutlich ein vermittelst des Satzes vom Widerspruche, und ich begreife, wie, wenn ich die Unendlichkeit Gottes setze, dadurch das Prädikat der Sterblichkeit aufgehoben wird, weil es nemlich jener widerspricht. Allein wie durch die Bewegung eines Körpers die Bewegung eines andern aufgehoben werde, da diese mit jener doch nicht im Widerspruche stehet, das ist eine andere Frage. Wenn ich die Undurchdringlichkeit voraussetze, welche mit einer jeden Kraft, die in den Raum, den ein Körper ein-

einnimmt, einzudringen trachtet, in realer Entgegen=
setzung stehet, so kann ich die Aufhebung der Bewe=
gungen schon verstehen; alsdenn habe ich aber eine
Realentgegensetzung auf eine andere gebracht. Man
versuche nun, ob man die Realentgegensetzung über=
haupt erklären und deutlich könne zu erkennen ge=
ben, wie darum weil etwas ist etwas anders
aufgehoben werde, und ob man etwas mehr sagen
könne, als was ich davon sagte, nemlich, lediglich
daß es nicht durch den Satz des Widerspruchs ge=
schehe. Ich habe über die Natur unseres Erkennt=
nisses in Ansehung unserer Urtheile von Gründen
und Folgen nachgedacht, und ich werde das Re=
sultat dieser Betrachtungen dereinst ausführlich
darlegen. Aus demselben findet sich, daß die Be=
ziehung eines Realgrundes auf etwas das dadurch
gesetzt oder aufgehoben wird, gar nicht durch ein Ur=
theil sondern blos durch einen Begriff könne ausge=
drückt werden, den man wohl durch Auflösung zu
einfacheren Begriffen von Realgründen bringen
kann, so doch daß zuletzt alle unsre Erkentnisse von
dieser Beziehung sich in einfachen und unauflösli=
chen Begriffen der Realgründe endiget, deren Ver=
hältnis zur Folge gar nicht kann deutlich gemacht
werden.